Pela primeira vez,

a cantora e compositora certificada com discos de platina

MARINA

compartilha suas observações singulares

sobre o coração humano através da poesia;

esta coletânea é essencial.

O talento de Marina para letras de músicas poderosas e evocativas encontra uma nova forma de expressão em sua poesia. Cada poema ressoa com as mesmas melodias criativas e profundidade emocional que a tornaram uma sensação artística. Aclamada pelo *The New York Times* por "redefinir canções sobre amadurecimento – e suas consequências – com franqueza e inteligência habilidosa", Marina se aprofunda ainda mais em trauma, juventude e os altos e baixos de relacionamentos nestes poemas profundos e autobiográficos, para formar uma coletânea que transcende as fronteiras da música e da literatura.

DEVORE O MUNDO

MARINA DIAMANDIS é uma cantora e compositora premiada com discos de platina, que surgiu na cena musical em 2009. Desde então, lançou seis álbuns aclamados: *The Family Jewels* (2010), *Electra Heart* (2012), *FROOT* (2015), *Love + Fear* (2019), *Ancient Dreams in a Modern Land* (2021), que contou com o sucesso indicado ao Prêmio Ivor Novello "Man's World", e, mais recentemente, *Princesss of Power* (2025). Todos os álbuns de Marina foram acompanhados por turnês mundiais esgotadas, com shows em alguns dos mais prestigiados palcos do Reino Unido e dos Estados Unidos. Figura socialmente engajada, já discursou na Oxford Union e possui uma base global de fãs incrivelmente apaixonada. *Devore o Mundo* é sua primeira coletânea de poemas.

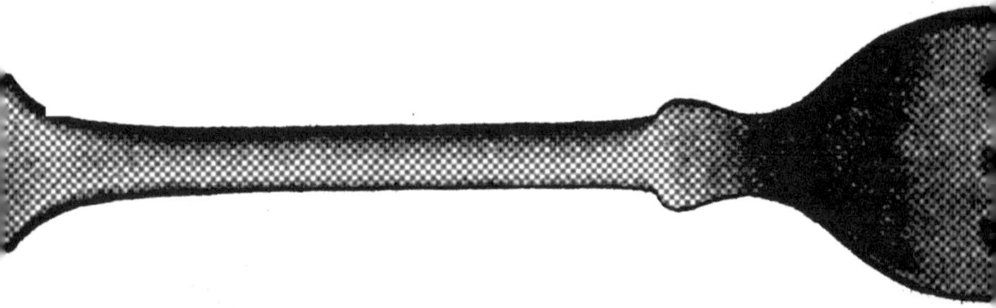

Devore o Mundo

Uma Coletânea de Poemas de

MARINA DIAMANDIS

Tradução
Alana Carolina Martins

Belas Letras

Publisher
Gustavo Guertler

Coordenador editorial
Germano Weirich

Supervisora comercial
Jéssica Ribeiro

Gerente de marketing
Jociele Muller

Supervisora de operações logísticas
Daniele Rodrigues

Supervisora de operações financeiras
Jéssica Alves

Edição
Germano Weirich

Tradução
Alana Carolina Martins

Preparação
Belas Letras

Revisão
Maristela Deves

Adaptação capa e projeto gráfico
Celso Orlandin Jr.

Design: Dominique Falcone

2026
Todos os direitos desta edição reservados à
Editora Belas Letras Ltda.
Rua Visconde de Mauá, 473/301 – Bairro São Pelegrino
CEP 95010-070 – Caxias do Sul – RS
www.belasletras.com.br

Dados Internacionais de Catalogação na Fonte (CIP)
Biblioteca Pública Municipal Dr. Demetrio Niederauer
Caxias do Sul, RS

D537d Diamandis, Marina
Devore o mundo: uma coletânea de poemas de Marina Diamandis / Marina Diamandis; tradutora: Alana Carolina Martins. - Caxias do Sul, RS: Belas Letras, 2026.
128 p.

Título original: *Eat the world*
ISBN 978-65-5537-537-4 capa dura
ISBN 978-65-5537-544-2 brochura

1. Poesia inglesa. II. Título.

25/95 CDU 820-1

Catalogação elaborada por Vanessa Pinent, CRB-10/1297

Sumário

Introdução

Enquanto escrevo isto, cercada por caixas de mudança em uma noite chuvosa de segunda-feira em Los Angeles, prestes a entrar em um novo capítulo em uma nova casa, não consigo deixar de pensar em quanto minha vida mudou desde que escrevi meu primeiro poema.

Como cheguei a escrever um livro de poesia é algo um tanto curioso. Numa noite quente de verão, após tomar psilocibina, minha mente começou a escrever histórias intrincadas e estranhas, extraídas de memórias antigas e recentes. A princípio, achei que fossem músicas, então tentei encaixá-las em suas estruturas habituais, mas elas se recusaram a obedecer. Pareciam querer se expandir e se desdobrar em suas próprias formas, então as coloquei de lado e as deixei descansar. Algumas semanas depois, percebi que eram poemas, não músicas, e daquele momento em diante nasceu meu amor por esse novo meio. Encontrei uma nova maneira de confessar, processar e brincar com o passado.

Escrever é uma forma de lembrar e também uma forma de esquecer, de deixar ir. Desde os 20 anos, tenho usado a escrita como um modo de alquimizar a dor. De explorar feridas para poder curá-las, de entendê-las intimamente para poder deixá-las partir. Meu amor pela escrita está intrinsecamente ligado à sua capacidade mágica de acender capítulos significativos de autodesenvolvimento. É um fio invisível que me reconecta ao meu eu verdadeiro, uma Estrela do Norte interna que me conduz de volta a um lugar onde a verdade, o poder e a liberdade residem.

Nesta era de domínio das redes sociais, em que apresentamos nossas versões mais felizes e bem-sucedidas on-line, nos restam cada vez menos espaços nos quais possamos deixar respirar as versões mais turvas de nós mesmos. As partes assustadas, inseguras; os cantos de autocrítica e solidão que consideramos vergonhosos ou feios demais para expor aos outros. Escrever poesia me ajudou a revelar e integrar partes de mim que eu havia me esforçado muito para esconder. Os sentimentos de solidão, vergonha e alienação que há muito tempo alimentavam minha música encontraram um novo lugar para respirar e existir em paz.

Espero que este livro traga consolo àqueles que precisarem. Às vezes, pode parecer que ninguém no mundo sente o que você sente. Mas a verdade é que muitos de nós enfrentamos os mesmos desafios... apenas em momentos diferentes da vida.

A conexão nunca está longe. Palavras são portais que nos conduzem a novos mundos de ressonância, sabedoria e cura. Espero que este livro possa ser um amigo para você, assim como foi para mim.

MARINA

JANEIRO DE 2024

Devore o Mundo

Luz Estelar
Água
Espaço
Ar Puro

não posso viver onde nasci
dói demais
então eu ergo a mão
e me ofereço

para ser uma muda eterna.

pronta para ser transplantada
a qualquer momento
para um vaso de terra morna
na esperança de que desta vez

minhas raízes crescerão.

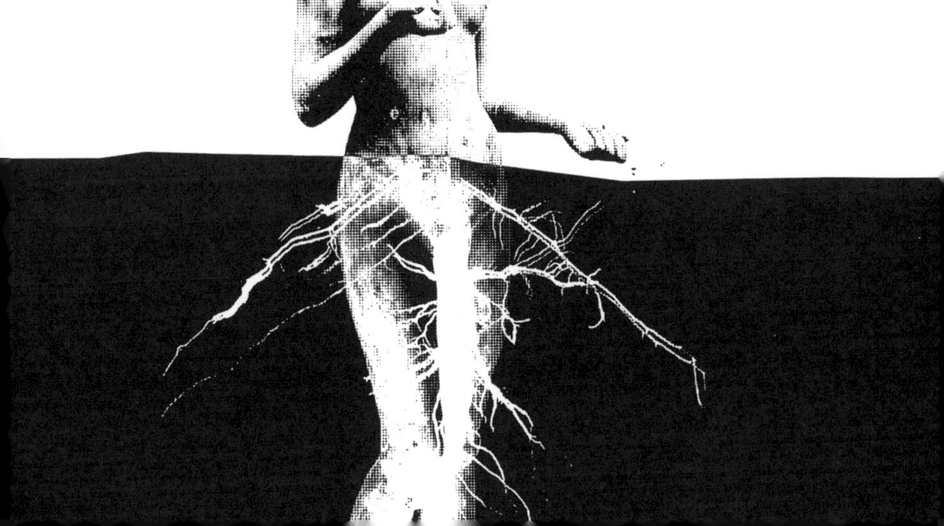

que
eu
seja
nutrida
por

luz estelar,

água, espaço,

ar puro

que
não
tenha
sido
poluído
na
fonte

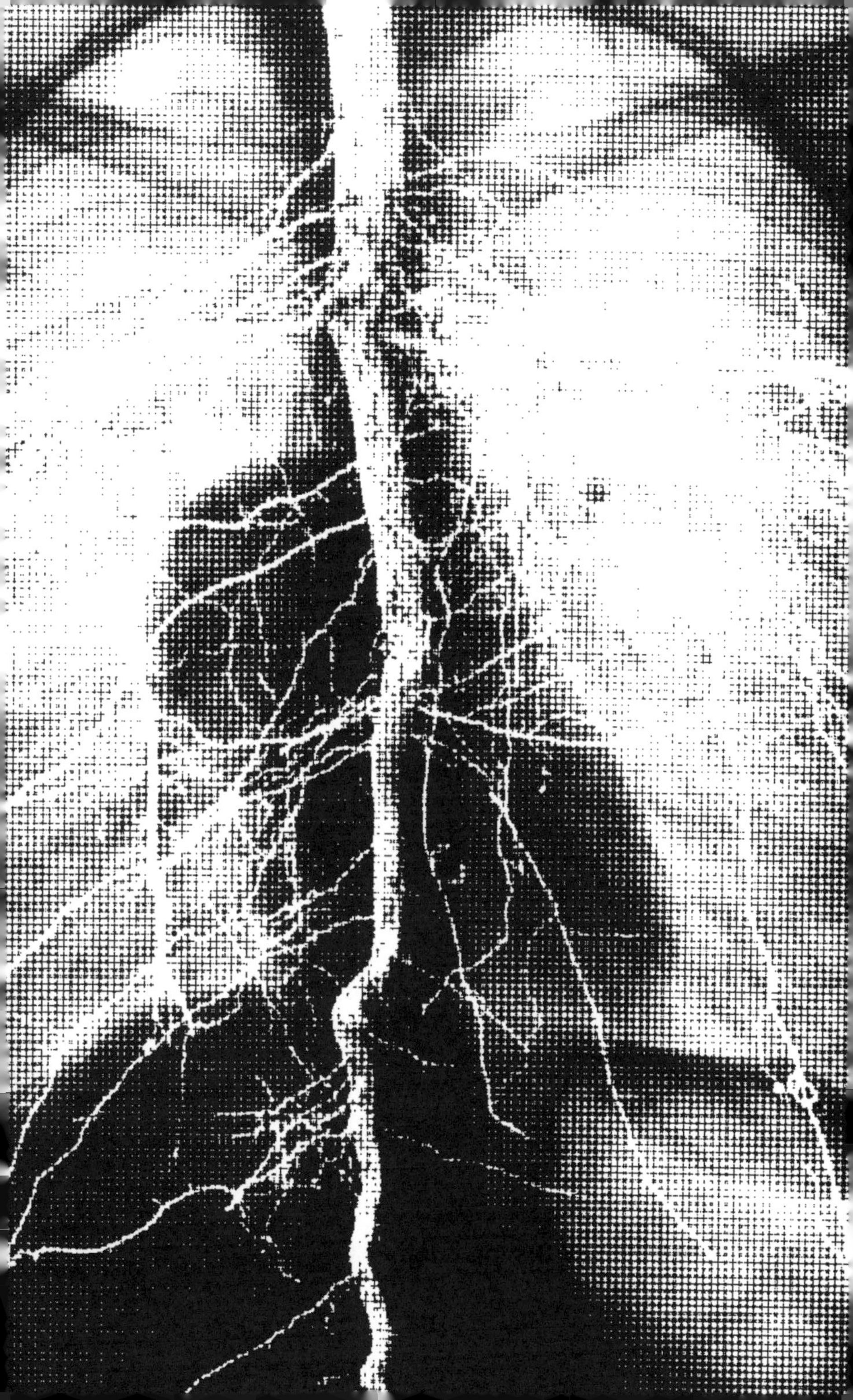

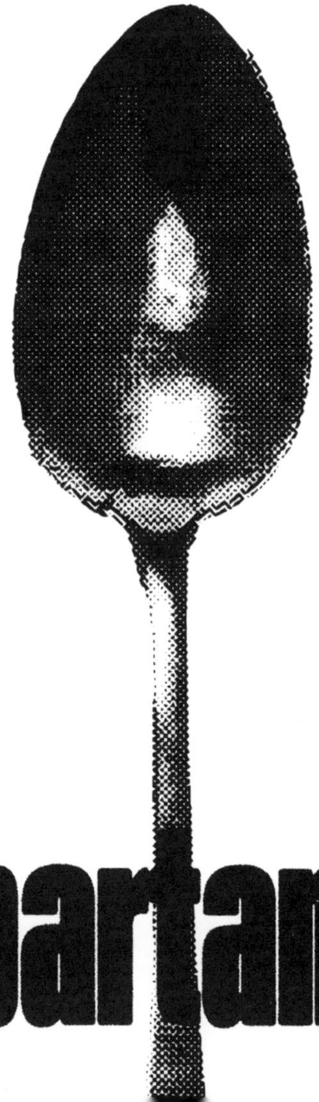

Aspartame

Cheguei aqui aos 20, magra como um fio em um
vestido de bolinhas, o esmalte dos dentes corroído pelo ácido estomacal

Estava apostando na minha paixão do ensino médio
como uma fonte de amor

Uma injeção de um suprimento que me foi arrancado
sem piedade

Não funcionou.

No tempo em que estivemos separados, ele tinha virado surfista
lá em San Luis Obispo

e havia desenvolvido um gosto por ficar chapado
às 5 da manhã

Passei meu tempo com ele principalmente:
a) sem comer
b) checando como meus ossos do quadril estavam
c) me escondendo dos colegas de quarto alfas dele

Eu vagava pela cidade fazendo cosplay de vizinha de porta
indo à TJ Maxx

como uma garota americana normal
em um mundo americano normal

Longe de uma carreira musical, perto do
fracasso

Eu era uma

bulímica
que desistiu

da faculdade

sem

uma família.

Mas tinha uma família.

Minha mãe, para quem liguei em desespero
pedindo para comprar minha
passagem de volta para casa.

As coisas azedaram rápido e minha paixão do colégio
virou pó de aspartame

Peguei o trem para Hollywood (como num clichê) e andei
de Amtrak como se eu estivesse muito chiquê

Aliviada por ter escapado da tensão de uma reunião
desastrosa.

A Hollywood Boulevard cheirava como o apocalipse e
a luz pálida do inverno aumentava minha sensação de
dissociação

de não ser mais real
de a vida ser um jogo entorpecido.
Eu poderia ter morrido e não teria sentido nada.

Passei meus dias visitando lojas emo na
Melrose, desviando de usuários de drogas nos trens
e comprando na Forever 21

Na minha última noite, vi meu reflexo, um brilho prateado
saltando das costelas que se projetavam grosseiramente das
minhas costas

Foi aí que percebi que a máscara caiu.

Meu plano de ser magra não tinha funcionado.
Eu não fiz ele me amar.

Anos depois, nos reencontramos no Roosevelt Hotel,
dois velhos amigos compartilhando a mesma conexão de alma

que tínhamos no ensino médio. Ele me disse que quando viu
o clipe de "Hollywood" ele sentiu náusea.

Porque eu tinha realizado meus sonhos. Porque eu não era uma lunática.

E de alguma forma isso curou uma parte esquecida de mim.
Ele foi o único a quem contei sobre meus sonhos.

Eu não era mais uma vítima. Eu tinha sido redimida.
Não era mais uma desistente. Ele me viu bem-sucedida.

E finalmente eu já não era mais quem eu fui aos dezessete anos.

Borracha de Dor

as coisas
que eu preciso
escrever
são as coisas
que eu tenho medo
de escrever

com receio de que elas
explodam
minha vida

e tudo
que eu tentei
tão arduamente

salvar
remendar
enterrar
curar

Morte por Panamera

Tenho uma lista secreta
que não comento com ninguém

de coisas terríveis
que talvez nunca me aconteçam.

Um inventário de supernova
de medos afiados como estrelas

que explode com expansão
quando as coisas esvaem pelas mãos

No topo da lista:

1) Despencar de um penhasco

quando eu tiver 56
num 911 Carrera

2) Não ter amigas

No fim ser esquecida

(A morte seria evitada
se eu dirigisse um Panamera?)

3) Depender de estranhos

Envelhecer sozinha
Ter filhos

Ficar presa
em uma vida que não é minha

4) Permanecer sem filhos

e viver em paz
mas nunca conhecer um amor

tão deslumbrante ou voraz

5) É o item mais estranho da lista

Tenho medo de ser feliz
Tenho medo de sentir falta

de estar triste
Mesmo que

eu queira tanto
ser livre

Mas conheço isso há tanto tempo
que não quero que vá embora

e acho que é o fim
de uma lista que não serve pra mim

PROVA DO TEMPO

Estou em busca da prova
do tempo
Procurando o cheiro que sinto
em Atenas
Encharcado nas paredes da cidade pisos de mármore
kafenia e
na pele dos centenários.

Buscando prova de uma sociedade
que tinha existido
Antes dos preenchimentos labiais
e dos bumbuns erguidos

mas

ela se foi.

10.000 anos apagados do disco rígido
erradicados por
um impulso humano de sobreviver a qualquer custo
Todas as civilizações
começam do zero mesmo então por que seria
diferente em

LA?

Aqui a prova é derrubada e rapidamente substituída

por

caixas brancas brilhantes, santuários planos e sem detalhes
homenagens a
linhas lineares e anódinas
É um Partenon de plástico, uma ode
aos seus antigos ancestrais
Mickey e Minnie
Céus psicodélicos cor-de-rosa tornam o filme obsoleto

enquanto os vales

ficam silenciosamente trancados sob o concreto
abaixo das trilhas ancestrais
da tribo Tongva e seus rios vitais
que cessaram o movimento

E finalmente eu encontro
a prova do tempo.

É sutil, como um leve cheiro de jasmim no escuro
pairando baixo, indiscreto, pequeno tremor aos seus pés
Gatorades engolidos
no calor, aditivos pulando como um jipe,
enquanto ossos de morsa chacoalham pela rua do CVS
ao Pinkberry
Um batimento tectônico

— prova do tempo, tentando falar

Efervescência

Por mais que tente,

a fina efervescência do

desespero

te entrega.

Você não tem o dom.

Você tenta.

Tentar é o seu caminho

Ir com tudo

Só o plano A

Sua história é tal

que você sempre dá um jeito

Você se adapta a qualquer coisa

E mesmo assim ainda sente vergonha

de ser alguém que tenta.

A Maciez do Dinheiro

Você me lembra o verão britânico

gramados exuberantes, interior verde,

sanduíches do M&S, almoçar ao ar livre

com sua família, perfeita e reluzente, tão gentis que me deixavam nervosa.

Golden retrievers, uma casa de campo, uma piscina

A segurança que o dinheiro podia trazer.

Uma vida que poderia ter sido minha

Mentiras que poderiam ter sido suas

Eu tinha 21, era amadora e não tinha autoestima suficiente para

escolher melhor.

Éramos versões em desenho animado de um botão de

bomba atômica, pressionando um ao outro

até que um de nós explodisse. Você escondia a fraqueza

atrás de cortes de cabelo e músicas emo

p e r f i s d o m y s p a c e

e webcams pelas quais falava com garotas

chamadas "jaymie <3" lá

Eu me escondia atrás de roupas de brechó, ciclos de compulsão e vômito

e tinturas ruins de cabelo. Peguei uma comida

de microondas pra você no nosso 2° encontro e achei que aquilo era amor.

*"Esses são os **melhores** anos da sua vida"*

Você tinha um mundo no qual eu não podia entrar.

Eu era cheia de falhas, ainda não era popular

e você sentia vergonha de mim.

Eu não tinha a maciez do d i n h e i r o como você.

Mas um dia eu teria

E você odiaria saber que eu conquistei isso.

Borboletas

eu rio com facilidade

queria não rir.

Vem de

me equilibrar na beira
dos desejos de outra pessoa

Vem de

Ceder

não querer causar desconforto nos outros

Fodam-se os outros.

Por que eu tenho que aguentar
o peso do desconforto?

Vamos sentar nessa fenda de silêncio constrangedor

juntos.

Pra que você possa absorver como você

manchou minha alma

esmagou meu espírito

e minha capacidade de formar frases.

queria falar mais devagar.

deixar as palavras pairarem

e nascerem

com integralidade

mas em vez disso, elas se dispersam

como borboletas
numa tempestade.

eu gaguejo quando estou cansada.

Como falar com certeza, afinal?

eu nem tenho certeza
se você está ouvindo

School of Life

Lembra quando falei na school of life e no carro na volta como você me fez chorar logo antes de eu voar pra nova york com olhos vermelhos olhos vermelho-cor-de-chiclete não sei contar quantas vezes rosto rosado recém-inchado dutos lacrimais salinizados que desperdício — você não conseguia apreciar minha mente mas dizem por aí que as conexões que criamos são espelhos dos nossos modos retrato do nosso estado interno e já estive em encontros o suficiente agora pra saber que isso é verdade você precisa primeiro ser a pessoa certa pra trazer a pessoa certa pra você.

Milhões de Pequenas Facas

Passei sete anos sentindo
como se minha pele estivesse do avesso

Atormentada por ataques de pânico
o corpo encontrou formas

de comunicar
e detonar
a verdade

Profundamente infeliz e profundamente
apaixonada eu não conseguia ver o assassino

mas podia sentir o cheiro do sangue.

"algo está muito doente na minha vida"

Não conseguia pôr um dedo nisso
por tempo suficiente pra sustentar uma acusação

Nenhuma quantidade de provas
era suficiente para a persuasão

Ele da desconexão.
Ele da negação do momento
Ele dos instintos rompidos
Sem saber, em julgamento

Fios cármicos que estendem
minha compreensão de sua

linhagem se costuraram
mais apertados, me prendendo dentro

de um vestido que não era meu pra vestir.

Virei o rosto no começo
achei que parariam quando soubessem

que nos amávamos

Não pararam.

Eles queriam incesto.
Queriam família.
Queriam sangue.

Pele em tom pálido e úmido
dois olhos de boneca vitoriana

sem revelar nenhuma emoção e
todas as emoções o tempo inteiro

Um olhar na minha direção parecia
um milhão de pequenas facas, eu nunca

consegui explicar bem por que isso
me dava arrepios na espinha

"No começo pareciam arranhões
não quis fazer alarde
até que uma manhã acordei
e estava coberta do meu sangue"

Meus sonhos começaram a morrer
por um milhão de pequenos cortes

se cruzando suavemente com o tempo a correr
jogos da velha atravessando a

noite até o dia em que decidi:

Chega.

Corta para hoje na vida em LA,
vi a primeira vítima deles ontem à noite

Dissemos aleluia e fizemos um "toca aqui"

"Parabéns, você chegou viva ao fim"

e a coisa mais estranha que aprendi
é que os perigos da minha vida

eram muito piores que todos os meus medos
piores que alguém capaz de ser permissivo

Abusivo, doente, violento, ilegal. Alguém selvagem,
ferido e triste.

E embora isso não signifique muito para os outros,
perturbou a paz que eu tinha

porque eu sentia isso o tempo todo e eu via desde o
começo:

Uma mente de assassino em série escondida dentro de
uma arte mais sombria.

Fora de Produção

Dois anos após o término, percebo: não haverá novas memórias.

Agora que a dor se dissipou, eu me pego protegendo as boas. Tirando-as das caixas e as lustrando. Como sapatos bem-amados que não são mais fabricados.

Suas favoritas serão diferentes das minhas. Feriados diferentes, noites especiais diferentes. Que são só nossas e sempre serão. (Nem mesmo a vigilância residencial da sua rua pode tocar nelas.)

Às vezes penso coisas mórbidas, tipo

"Um dia um de nós vai
acordar com a notícia
de que o outro morreu"

e talvez sintamos choque — ou total surpresa. Talvez digamos ao cônjuge e disfarcemos nossa tristeza com um tom casual usado para histórias sem graça.

Queria que nosso fim tivesse sido diferente, todos os amantes querem também.
Mas assim que saí da dor você entrou nela como um t r e m

e encontrou uma estação que evitou a vida
inteira.

No fim encontramos nossos caminhos

Ambos construímos algo novo.

Ainda posso pensar em você?

Ou devo pedir

que parta

do meu coração

para que ele seja retomado

e novas memórias possam ser criadas

Aviso Suave

Eu a amo mas ela me deixa nervosa

Impermanência permeia
cada vale, cada cânion

Um aviso suave:

"você não pode me ter para sempre"

Eu a amo mas ela me deixa nervosa

Sei que é insustentável viver aqui
— cruel tirar suas últimas gotas d'água

para nossas piscinas

(Eu a amo mas ela me deixa nervosa)

Então espero até ser hora de sair
para um novo lugar com menos ameaça

de secas, incêndios, terremotos —
Mas e se eu não encontrar outra LA?

eu a amo . . . mas ela me deixa <u>nervosa</u>

Criar raízes, embora eu queira tanto,
mas temo que as cortem e as arranquem se eu o fizer

É previsível de minha parte me apaixonar por um
lugar construído sobre terreno instável?

Configurações de Fábrica

meus relacionamentos pendem
como teias de aranha
rompidas ao sol

buracos azul-prateados
escancaram como refletores
quando o vento sopra

tento consertar
a velha teia ou construir
uma totalmente nova?

estou cansada de girar, sabe / cansada de me manter a boiar /
nenhuma boia de salvação a sobrar / dentro do meu barco

por que me obrigo a recomeçar? /
como é que essa é a minha vida / como reprogramo

meus padrões de fábrica

Terra dos Membros

Incubadora do futuro

Parque apocalíptico
É preciso amar novidade
para viver aqui

Cínicos não sobrevivem
Eles se mudam
pra climas mais amenos
Deixam sua bílis para trás

nas calçadas para chiar
e evaporar

em nuvens de sonhos vaporizados

Vila de transplantados
Cidade de mudas
Terra de membros amputados

Milhões de
pernas mãos pés órfãos buscando
se reunir aos seus corpos

Procurando ser costurados
de volta ao lugar
a que pertencem

Às vezes eu penso:

se você não nasceu
aqui é preciso estar
perdido pra viver aqui

Ou estar confortável com a
separação do seu

órgão de origem

Sei que todo mundo
escreve sobre LA
mas agora eu sou uma de
suas filhas também

Não sou mais órfã
Fui adotada
Não estou mais perdida
Fui cooptada

Por uma

Vila de transplantados
Uma cidade de mudas e uma
Terra de membros amputados

Bela/Maligna

um avião cortou o céu
vermelho maçã-do-amor

um pássaro com tema
virgin atlantic

a coisa mais bela/maligna
que eu já tinha visto

senti pena dos pássaros
no topo da árvore

só notava eles
quando eu estava chapada

minha vida era até boa
mas eu queria morrer

não havia razões claras
para continuar viva

a vida parecia ao mesmo tempo fácil
e difícil de sobreviver

Praia dos Bilionários

Mestre do teatro
Tem se apresentado
há milênios

Nunca perdeu uma cena
Nenhuma taxa de entrada
é exigida

Nem mesmo na
Praia dos
Bilionários.

Um estalo de explosão
é executado com destreza
quando duas ondas se encontram,

batem forte, travando
chifres, como um
antigo disparo

e então passa
Com tanta indiferença
recuando, avançando

Pré-histórico e novo
Violento e calmo
Tudo ao mesmo tempo

Me lembra que
ele luta contra si mesmo,
como os humanos.

Pequenas alegrias, tragédias
arcaicas, problemas de maré negra
males da mudança climática

O oceano não liga
porque sabe que
estará lá

pra sempre.

Até que se divida em
um trilhão de lágrimas
choradas da

córnea de Deus,
lançadas de volta
no tempo

O oceano ri
da espuma do mar. É

um bilhão de vezes

mais poderoso
que a Tesla e
o Vale do Silício

Mais poderoso
que derramamentos de óleo
sacolas plásticas

e esgoto imundo
de Veneza.
Branco borbulhante

e difuso, brilhante
espumoso efervescente
surfe reluzente,

onde peixes flertam
através do palco
de outra onda

E eu fico
na areia
tão longe

Meio extasiada
meio apaixonada
meio maravilhada

e com tanto medo

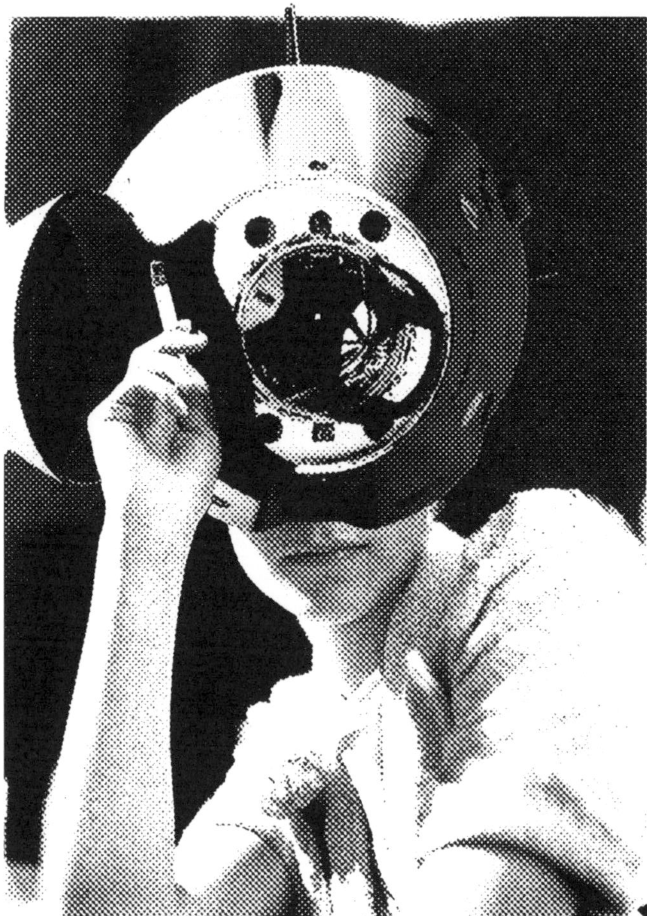

ROBÔ
Sexual

Eu quero um garoto gostoso!

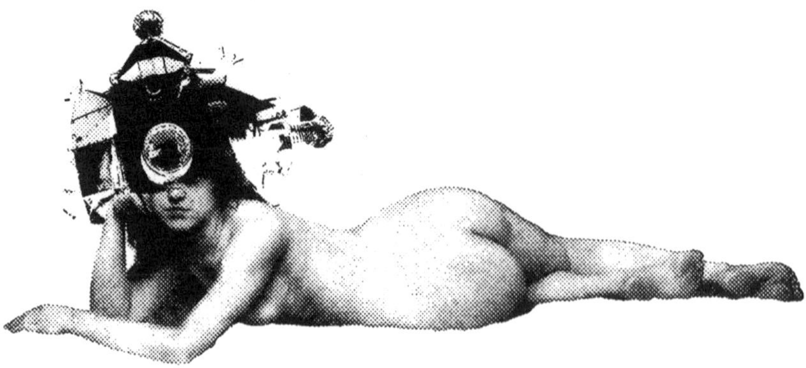

OK quero dizer,

HOMEM

Que não tenha 28

É pedir demais?

Que não conte piadas
que não me fazem dar risada
Nem aponte meus defeitos
pra esconder sua ira

Sem estilista em setembro
nem enfermeiro em novembro
que cresceu vendo pornô
e esqueceu como é ser terno

Tratando mulheres como bonecas de pano
para serem dominadas
por robôs sexuais bombados
que vieram pré-inflados

A inflação é ótima
até vir a recessão
Quando fica claro que não é amor
— nem chega a ser obsessão

Ouço o ar escapar do bíceps dele — confissão
Píton me trocando como uma pele — uma lição
Sou frágil demais até pra essa adolescente rejeição

Mas enfim, enfim
Todo mundo casou sim
Ninguém mais sai por aí
Sou a última garota da cidade

do meu tipo
não me importo
mas seria bom achar

Alguém firme,
que realmente possa estar lá
Nada de balão de ar quente
propenso a rajadas p e r i g o s a s d e a r

Ainda estou no carrossel,
sozinha no parque de diversões

Nada de robôs sexuais, por favor!

Só
ursinhos
de pelúcia
grandões

Rocha Lunar

Temos os mesmos buracos
em nós, como rocha lunar.

De longe, parecemos brilhantes
O sol faz nossos vazios cintilarem

Mas de perto, temos os mesmos buracos

Nossas silhuetas se encaixam em
uma única linha quando nos abraçamos

Como pedaços de queijo suíço
cortados do mesmo bloco

E sinto aquele aperto no peito
(mesmo você sendo gostoso)

Não podemos dar um ao
outro o que não temos

Nos sentimos piores juntos,
de algum modo mais incompletos

Buracos mais fundos que o fundo.

E nos separamos nos perguntando
por que estamos mais vazios que antes

Você e eu somos como rocha lunar.

Perdidos
Frios
Alienígenas
Discretos

Roubados de outra galáxia

Procurando uma fatia de brie,
pois o que precisamos é queijo derretido

Surfe Noturno

Você gosta de

surfe noturno
pilotar ducatis
911 carreras
e trabalhar 15
horas seguidas

Caçador de adrenalina
amante da carne
homem de sangue quente
que ninguém consegue impressionar

exceto eu

porque

eu já tenho
tudo que preciso

e porque

as coisas
que você ama
me assustam

sou inflexível agora

Você pergunta se
a poesia está morta
Suas perguntas
ficam na minha cabeça

Você é um bom
questionador

Efervescente
como meu pai

Mas eu me
protejo agora
como se eu fosse
minha filha

Não sou cordeiro para o
abate não posso
mais vacilar

Não posso enganar
meu coração para
te ver como uma
semente a regar

Mas você é alegre
e um especialista em
tirar sonhos
da lama

na costa de
Malibu até o
lugar secreto
onde você me levou

que só tinha
um banheiro externo
Nada por quilômetros
só azul bebê

Você é macho
e é frágil
Egoico, em forma e
ágil por causa de todo

o surfe noturno
(que me irritava)
Mas não consigo explicar

por que isso é sexy

FOUR
Seasons

Nenhuma família desestruturada
no four seasons

só eu na praia
uma anomalia discreta

Nenhuma família desestruturada
no four seasons

só adolescentes magras e carrancudas
do Texas de férias

É bom testemunhar
essas famílias de perto

como se eu fosse uma alienígena
silenciosamente fazendo anotações

Nenhuma família desestruturada
no four seasons

só casais em dupla
juntos até morrerem

Nenhuma família desestruturada
no four seasons

só piscinas cor-de-jade
e céus cor-de-vinca

Eles falam de golfe
como se estivessem realmente felizes
ano passado em St. Kitts
este ano em Maui

Suas vozes passam por mim
com leveza e facilidade
Chamando seus filhos
— um recibo comovente

*Nenhuma fa*mília desestruturada
no *four seasons*

só pais cor-de-mogno
passando de marrom a rosa

Um tom incomum que
me lembra o Natal
ou um comercial de Ação de Graças
com pele de peru assado

Nenhuma família desestruturada
no four seasons

só cuidado e pertencimento
que é doce de ver

E não consigo evitar pensar,
mesmo me sentindo sortuda,
se a vida tivesse sido diferente,
será que aquela poderia ter sido eu?

Eu poderia ter sido uma mulher
com um corta-vento!
Cabelos grossos, pretos e brilhantes
presos num coque

Brincos discretos de diamante
que piscam ao sol
uma criança em cada mão
Ah, veja como elas correm!

Acho que o que estou dizendo
é que eu gostaria de provar
uma fatia de segurança
um pedaço do bolo

quais são os ingredientes?
e se eu não souber assar?

talvez ninguém saiba
todos só temos que fingir

eu abaixo a caneta
meu coração começa a doer

já não me sinto
como se estivesse de férias

digo a mim mesma

"já
chega
por hoje

você não pode ter tudo
a vida não é
um bufê"

Tritão

Eu te vi tentando entrar
na torre do amor

Um castelo submerso
que ficava no meio da

sua vida.

Você espiava através do

vidro, rosto colado,

como uma criança deixada de fora de um jogo.

Sua expressão séria
partiu meu coração, era

a mesma que você vestia
em toda foto

do seu perfil no Hinge.

Você dizia que "adorava se divertir"
mas eu nunca te vi sorrir

de verdade ou com liberdade

Você tentou uma vez, quando estava dentro
de mim mas saiu presunçoso

como uma piada interna
da qual eu não poderia participar

Você era uma boa pessoa
mas não um bom parceiro

Preso no seu próprio mundo
escondido debaixo d'água

Se protegendo

do
amor
🧜‍♂️

A Amêijoa CINTILANTE

O tempo é uma mercadoria preciosa
quando você se conhece bem demais

Sabe quando já sabe o que é certo
Eu soube desde o começo desta vez

O charme veio cedo demais.

Eu gostava de ser adorada mas

quando ele lançou sua rede

Eu nunca
fui pega

Em vez disso eu
escapei
e fugi de sua rede de arrasto noturna
Rolando para

b

a

i

x

o

para o fundo do oceano
preto como breu

Fechei minha concha com força
cada abertura era um risco
pro meu centro cinza e macio

Areia se e*ssssss*palhou pelo meu leito marinho
Havia segurança na solidão
"não posso ficar fechada para sempre"

Não preciso.
Só preciso evitar
os pescadores
os marinheiros
os soldados
os garotos
que vão
sugar minhas pérolas
descascar minha concha
ferver meu corpo
& me chamar de jantar

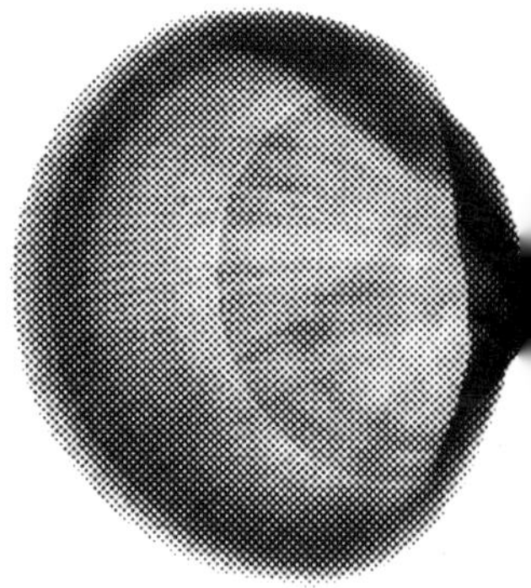

Vagarosamente mas certamente
Virei uma amêijoa cintilante

passando os dias sob raios de sol
em areia virgem dourada

Elegante e violenta
fortalecida pela fuga

dos açougueiros do lado superior
que nada sabiam sobre amor

Só do massacre ritual

"Isca Risca Asfixia"

Numa sexta à noite eu pensei

A morte é mesmo pior

que a solidão eterna?

O perigo do dano
é melhor do que sua ausência?

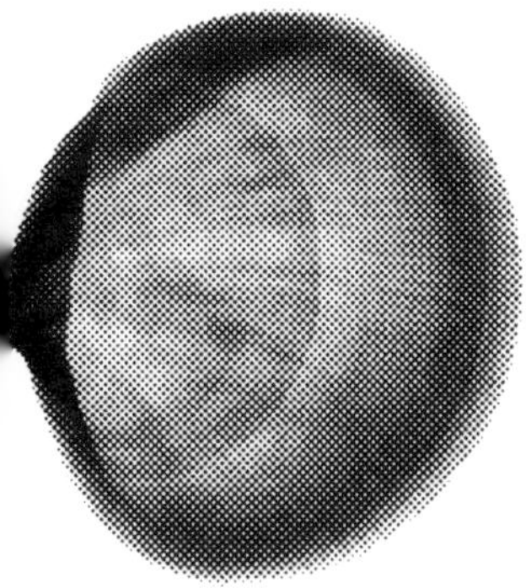

Passo meus dias em silêncio
no fundo do mar

Fresco, escuro e limpo
Agora segura e serena

Ainda assim anseio

me abrir

e voltar

à superfície do mar

Eu não quero mais o mesmo

Tenho consciência do

quão confortável

estou em ser ignorada

do quão confortável

estou vivendo

na corda bamba

esperando que a atenção de um

homem dê um salto mortal

e caia sobre mim.

Mais desconcertante

é quando ele

se comunica frequentemente

Trens de mensagens

chegando curiosamente

em ponto

Instintivamente eu me sinto

sobrecarregada

recuo para um canto

as regras

do jogo

interrompidas.

Tenho alta tolerância

para pouco contato

o que atrai

tipos caindo aos pedaços;

os emocionalmente enferrujados

com cérebros como caixas

de porcas e parafusos

Pares de ímãs

simultaneamente se repelindo

e se atraindo

Presos

na nossa

própria tragicomédia.

Não quero ser uma presa

para os velhos padrões

li livros, fiz cursos

fiz terapia

Por favor acredita em mim, Deus

quando digo:

Eu não quero mais o mesmo.

Leopardos Minúsculos

Barriga de oncinha
raios de sol queimam
a pelagem cor de caramelo

Manchas à mostra! Bolinhas à mostra!

É O BART

Carinha pequena e jeito ligeiro
Olhos brilham verdes como
uvas frescas descascadas

Sempre atento quase
nunca maldoso boca
travessa alegre e limpo

Nunca foi esnobe
como a irmã dele
A Diva Benevolente:

BETSY JEAN

Ela é selvagem e tímida
Uma rainha da selva
Olhos de pântano
Caçando feixes de sol

Frequentemente sentida mas raramente
vista assim como uma tempestade
ela prepara sua cena

Metade caramelo, metade maciez
Olhos cheios de faísca
Ela se agacha
e deixa sua pista

Lutando Kung Fu
no ar com
beija-flores

Ela é Fred Astaire!
Ela é Ginger Rogers
no mundo dela, uma garota
com vida tipo de VIP

E eu seu humilde
paparazzo a sigo
lealmente por toda parte

Em busca de acesso,
informação
Ela me ama?
Ela se importa?

Hotel Riche

A paz que eu sinto no céu
é incomparável

Não quero dizer num avião
mas no 52º andar

do Four Seasons
Hotel Philadelphia

O silêncio quente do som
quando deixo o chão

Afastando-me dos carregadores
sorrindo a milhas da cidade

Zunindo pela noite
como anjos do inferno em voo

Nada me toca agora
Só me envolva em nuvens

Envolva-me numa cidade onde
Não significo nada para ninguém

Estou sozinha e em casa
Como uma pedra musgosa que passa

Estou segura neste lugar
Sendo Madeline por um dia

Brincando de esconder, evaporar
desaparecer e escapar

Denominador

todas as pessoas
em quem confio

são pagas
eu sinto vontade

de fugir
de dizer:

“não sei
quem se importa”

e ninguém
tem culpa

é um trabalho
para amantes

para filhas
e irmãos

para avós
e pais

e irmãs
e mães

“oi!”

uma mão
decepada acenando

pra ninguém
pronta pra se soltar

e pular
de navio pra itália

se é pra eu
ficar sozinha

eu devo então
viver lindamente

perto de
limoeiros e longe

de LA
onde te fazem

pagar pela
própria placenta

não pense que
eu não sei

sou o denominador
comum

não posso fugir
de mim mesma

nunca mais
a vida é a tela

meus pensamentos são a tinta
palavras são meus pincéis

portanto eu tomo cuidado com o que digo
se eu quero uma vida nova

então preciso de um cérebro novo

Elefante Rosa

E se LA for uma uma cidade triste pra mim? E se eu não conhecer ninguém?

Para onde eu vou correr? Para onde eu vou?

Alguém pode me salvar? Mas isso não se deve dizer.

O certo é dizer

"Só eu posso me salvar!"

A pressão pra preencher os fins de semana Pra não parecer sozinha
Vai crescendo com o tempo Te puxa firme como um ioiô

Até que um dia você percebe que a única escolha é se render ao elefante na sala:

A pura solidão de estar viva

Olá, já nos conhecemos?
Te evitei minha vida inteira.
Te vi em festas
Em corredores de supermercado
Finjo que não te vejo
Nunca trocamos olhares

Solidão

v c é m i n h a k r i p t o n i t a

Escondida lá atrás eu te mantenho trancada por medo
de você pular do lixo feito o Oscar, O Rabugento.

Me lembro nas noites difíceis

Que solidão e verdade > companhia e mentiras

Que certas emoções levam décadas para se expressar.

Que sentimentos difíceis valem tanto quanto os alegres.

E que minha resistência à solidão foi o que mais me manteve sozinha.

1.000 Noites Negras

A Raiva é um lugar mantido
permanentemente trancado

Quem vai me dar a
chave dessa cidade?

Qual fita de terapia
eu preciso cortar?

Estou tão desconectada
de sua textura áspera

Passo os dedos
ao longo de seus muros e paro

enquanto penso em invadir.

Evoquei-a recentemente
Tão abalada por sua força

Vi estrelas de
mil noites negras

Resultado dos meus neurônios
pressionando feridas negras

chorosas para baixobaixobaixo
dentro do meu sistema nervoso

só para elas vazarem
de outras formas

"Depressão é raiva voltada para dentro"

Gritos aterrorizantes
surpreendentemente vindos

das minhas próprias cordas vocais
começam a reverberar

Como uma versão de IA
de como soaria

se eu estivesse mesmo, verdadeiramente
profundamente furiosa

Estou tomada de raiva
Tenho meus motivos

mas isso não me assusta
mais

Porque eu sei
que a raiva não é para sempre

Ela passa

Ela tem um propósito

e negá-la

é mantê-la viva.

E-moção

Por que é difícil aceitar emoções? Por que

as distorcemos em formas que elas não são?

Elas só retornam à forma em que

nasceram quando não estamos olhando.

Por que negá-las, resistir e listá-las em vez de

deixá-las descansar dentro de nossos corpos

Do que eu tenho medo? De morrer de

desconforto ou de que elas durem para sempre?

20 segundos.

Aparentemente, é esse o tempo

que leva para uma emoção ser sentida

Nós as guardamos em caixas chamadas doença

e dor nas costas, em vez de deixá-las

se mover, para que ocupem espaço e

um dia eventualmente — puff — evaporem

O propósito delas é se mover, ser sentidas

como energia em movimento.

Não escolhemos sua chegada

Mas escolhemos nossa resposta, então é melhor

acolhê-las e tratá-las como amigas.

Paz Interior & Outras Mentiras

Controle é kriptonita

incerteza, um parasita

Nada mais me surpreende

A vida parece

um rio preto e plano

imóvel e turvo

De maneiras não naturais

Falei com Marcela no

Zoom outro dia

Disse: "*Eu me faço refém*

das minhas listas de afazeres"

Por trás da compulsão

há uma busca por equilíbrio

como prêmio, um bilhete

amarrotado de loteria para

paz interior & outras mentiras

Porque a origem da

desordem sempre esteve

dentro de mim

Um medo constante coisas ruins

vão acontecer se eu parar

de segurar tão firme

Metais Pesados

Uma rachadura nas costas sangra preto

Metais pesados nas minhas células
me prendem no chão

Para mudar de forma
preciso soltar

Desintoxicar meu sangue
da raiva vermelha e ácida dela

que corre em fitas, serpentes, laços
por cada órgão, veia, osso

antes de se alojar dormente no meu coração.

Repousa densamente. Privadamente.
Bomba preta incontrolável.

Espera para explodir
E espalhar partes do corpo desgastadas

Pelos céus e estrelas
Até que estilhaços do meu coração

Perfurem os planetas.

A vergonha faz com que
Ela encolha e se condense

Ainda mais para dentro
"Fique pequena, dura e imóvel"

Mas quanto menos me movo,
menos consigo mudar.

Permaneço presa na forma,
como um soldado em marcha

Tão obediente ao passado.
Tenho medo de você, raiva

e do seu molde à prova de balas.

O que é preciso
para fazer você quebrar?

Palavras?

Palavras.

Uma bandeira branca enfim.

Sucesso de Bilheteria

Sua vida corre como um filme

Sequestros assassinatos fome
antes mesmo de você sair do útero.

Como descrever essa linhagem?
Esse impulso profundo de sobreviver

de mudar seu destino
de sair viva.

Esse bordado de dificuldades
costurado com medo

oferece poucos bolsos de
identificação a que se agarrar

Só encontra lar no
contexto de um sucesso de bilheteria

onde podemos nos distanciar
e nos maravilhar com o fato de tudo isso

ter acontecido
com uma só pessoa.

Marie Kondo

Encontrei suas cartas antigas
enquanto seguia o método Marie Kondo

na casa e um véu de
desgraça desceu sobre mim

Elas não "despertaram alegria".

Pesos de papel desceram
cuidadosamente até

meu coração. Parecia inútil
abrir a Caixa de Pandora

Mas abri mesmo assim
e li a história de nós dois.

O que aprendi é que
você não é

nem diabo nem anjo,
nem inferno nem céu,
nem descuidado nem cuidadoso.

Flechas envenenadas disparadas anos
atrás agora pareciam cômicas

como se tivessem sido lançadas
por pequenos cupidos risonhos.

Ainda procuro formas de
preencher a ferida antiga

Funda demais para cicatrizar por inteiro
Pequena demais para UTI

Acho que sempre pensei
que você não me amava o suficiente

Nunca considerei que talvez
você me amasse demais

Síndrome do Coração Partido

Desliza como o último grão de areia em uma ampulheta. Uma realização quase absurda em sua simplicidade

"Eu posso ter uma vida bonita"

União, conexão, dependência é possível. Um desfecho diferente é possível.

Para criar uma vida bonita primeiro eu preciso imaginá-la.

Como um poema ou uma pintura, preciso desenhar meu próprio contorno.

Acreditar em sua beleza antes de poder vê-la com meus próprios olhos.
Acreditar que posso ter tudo.
Que posso ter sorte de várias maneiras.

Não sei por que isso demorou mais pra mim do que pra maioria, mas não me desanimo.
A natureza do meu caminho me tornou robusta e resistente.

Vou sonhar um novo sonho, em vez de ver o mesmo pesadelo.
Sonhar uma nova cena em que eu escolho o papel que vou interpretar.

O primeiro passo é parar de me identificar com versões antigas de mim mesma.

Aquela em que sou um lobo solitário e não posso confiar em outro.
Aquela em que não preciso da ajuda da minha mãe.

E aquela em que a ferida já cicatrizou faz tempo mas

a criança vive como se estivesse partida no meio

Quando, na verdade, a criança agora é adulta

independente, afortunada e livre

para criar um novo futuro

Eclipse

A mudança não veio rapidamente.

Veio lentamente, hesitantemente,

como uma criança no primeiro dia de aula.

Sua fundação foi se depositando com o vento todas as noites,

grão por grão, camada por camada. Até que um dia eu acordei

e percebi que eu tinha paredes. De alguma forma eu tinha me

tornado um lar para mim mesma.

As raízes do trauma, agora amareladas e murchas, caíram

ao vento.

O passado já não era fofoca quente que eu despejava nos amigos.

E os homens

que conheci eram

diferentes.

Seres gentis,

inteiros, que se

conheciam bem.

Sem necessidade de impressionar

ou provar sua riqueza

Percebi que eu consegui.

Construí minha própria vida

E fiz isso sem

ter que ser uma

mãe ou uma esposa

Lentamente mas seguramente

meu desejo de mudar

enfim eclipsou

meu desejo de permanecer igual.

Monstruosidade

Todas as lágrimas, suor, sangue
que foram gastos para formar você

Terrazzo da Itália
banheiras de cerâmica

Azulejos zellige amarelos
felizes como a Califórnia

para apagar os azuis profundos
do nosso amargo depois

Paredes aplicadas cuidadosamente
em argila romana macia

em tons terrosos profundos
para provocar um "OK"

Para provocar paz interior
pele limpa, boa saúde

Para evocar aquela linha tênue
entre natureza e riqueza

Piscina ciano brilhante
na qual nadei 10 vezes

Espreguiçadeiras de teca sobre as quais eu
Tão raramente relaxava

“Não tem sol suficiente”

“Leva um dia para aquecê-la”

“Este cânion é sombreado . . .”

“ESTE CÂNION É UM LAGO!”

Tinha algo a ver
com os ossos, o DNA

A estrutura, o coração
a falta de veias apropriadas

Eu sei que não encaixamos mas
você é difícil de doar

Você já foi tão adorado
Você foi algo economizado

Todos os sonhos não concebidos
Todas as nossas vidas não vividas

E o verdadeiro custo irrecuperável
de quanto eu havia tentado

A ideia ainda ferroa
Mas deixei a banca vencer

Monstruosidade do meu coração
Adeus é a coisa certa

♥

Casulo

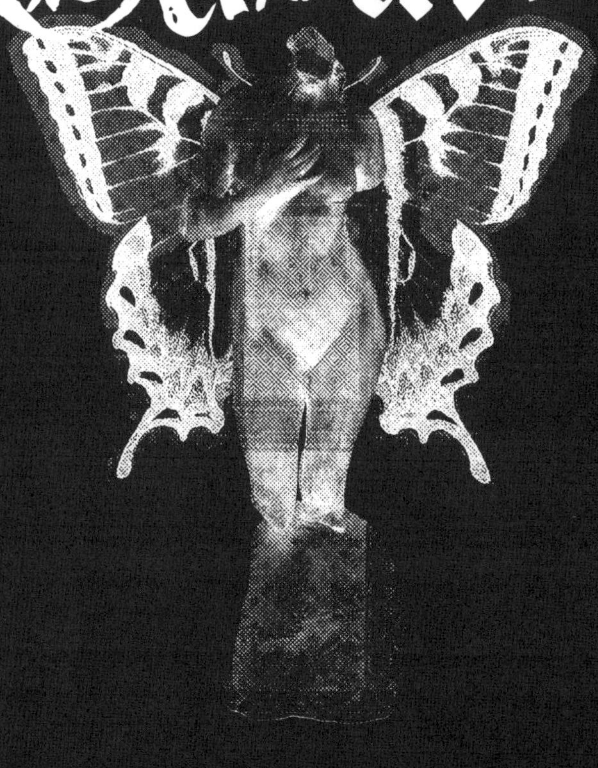

Quero minha vida antiga de volta
mas ela se foi.

Metamorfoseei-me
numa borboleta

torta

As asas não funcionam
Os pés exaustos

Antenas tortas

Me arrasto de volta
pro casulo
esperando

que ainda não seja
tarde demais para
me transformar.

(Universo, me dá essa colher de chá?)

Tenho estado envolta
neste filme
cinza

por tempo demais.
A cada ano
desde o nascimento

uma nova camada
surgiu.
Tão protetora

no início, agora
parece como uma

maldição

A maioria das borboletas se liberta
aos 21,
23

Eu tenho 37 agora e
as camadas cinzentas
são profundas.

Como uma múmia, me

pesam, me

mantêm soterrada

Eu tive tanto medo,
sabe, de
ser livre

Com medo de causar um
terremoto para os
outros insetos.

Pois a beleza de uma borboleta
é vista como uma ameaça para quem
nunca voou *de verdade*.

Nunca sentiu o vento limpo nas asas iridescentes

Nunca provou o néctar
que as flores de verão trazem

Então para mantê-los a salvo
mantive a mim mesma
oculta
(Não pode ser tarde demais?)
Enquanto minhas camadas aqui estão a engrossar
minha respiração começa
a acelerar

E me sentindo em pânico,
sinto minha estrutura
se fechar

A vida me observa passar.

Este casulo será
um caixão se eu não
começar a viver logo

Se eu não fugir
deste quarto, então
começo a

bater as asas na
minha tumba
de favos de mel

Uma promessa quieta na minha
mente: *"vou me libertar
em breve"*

Eventualmente a decomposição
r   a   s   g   a

minhas paredes
bem   abertas

Apodrecer me fez
Enfurecer
Ferver

(Virar uma borboleta
        não é o que eu esperava acontecer)

A metamorfose
aguarda todo ser
no fim

Se você não quebrar
seu casulo logo, a vida vai
fazer isso por você, amigo, enfim

Hoje em dia, quando vejo
borboletas com leveza
a flutuar

Sei exatamente quanto custa
para crescer as asas
que precisam para voar

Elas fazem parecer tão fácil
brilhando metálicas
no ar

Mas eu conheço a dor de
mudar de forma, conheço
o exato preço

Agora vejo que, para viver
de verdade, partes de mim
tiveram que morrer

Para renascer
de novo, de novo,
uma borboleta melhor

Devore o Mundo

eu era
o tipo de garota
que engolia

o mundo
inteiro ingeria
ele todo

sentia demais
precisava
demais

nunca
haveria
amor

suficiente.

insaciável
sem fim
buraco negro

de
totalidade
faminta

por
tudo
que eu não precisava

desnutrida
por placebos
de amor

vitaminas
chamadas
sucessoatençãodinheirofama

mijadas
sem saber
em luxuosos

vasos
sanitários japoneses
nada

podia tocar
as bordas da
minha debilitante

estrela negra

buraco negro
vácuo barulhento

nenhum
namorado capa de revista
venda de hit

turnê
esgotada contrato de
milhões poderia

saciar
minha dor
de estômago por amor

achei que
se eu devorasse o mundo
eu enfim

ficaria cheia
eu nunca mais
teria fome de novo

eu estava errada
claro que estava
isso não é um filme

isso é real
a vida é um
comprimido esfarrapado e afiado de

uma vida
um redemoinho de

roupas carros ensaios traumas aviões lágrimas estúdios trens

✓ ✓ ✓

aprova aprova aprova

tenta tenta tenta

rala rala rala

para ser
ouvida, vista
valorizada, compreendida

por homens
sem noção
do que é ser mulher

que guardavam
meu poder
em seus bolsos

donos
dos meus refrões
e dos meus versos

mas agora

sou livre
do que precisei
cortar

sou livre
da fome
mais leve que pena

sou livre
daqueles homens
e prolífica como a hera

devorei o mundo inteiro
e vou devorá-lo

p

a r

a

s

e

m p

r

e

Agradecimentos

Obrigada a:

Tom Rosenthal e Sidd Khajuria, da extremamente exclusiva Part-Time Poets Society. Nosso amor compartilhado pela poesia ganhou uma linda vida própria em um humilde grupo de WhatsApp. Sou muito grata por nossa amizade e pelos comentários generosos que vocês deram para vários poemas deste livro.

Ryan Harbage, pelo seu apoio inicial, orientação inabalável e por acreditar na minha escrita.

Patrick Nolan e toda a minha família na Penguin — assim que entrei no escritório de vocês em Nova York, soube que vocês eram o time certo para mim! Obrigada por me fazerem sentir em casa.

Canongate, pela abordagem apaixonada e ao mesmo tempo ponderada em relação a este livro. Escolher vocês como editora foi uma decisão óbvia, e estou empolgada com o que o futuro reserva para nós.

David Russell e Charlie Adelman, pelo seu incentivo e apoio.

Marcela Widrig: este livro teria sido muito diferente sem sua sabedoria gentil e seu trabalho de cura. Você tem sido uma âncora para mim nos últimos dois anos e sou muito grata.

Dominique Falcone, pela bela arte da capa e pelo design interno.

Lizzy Plapinger — uma querida “amiga de alma” de uma vida inteira — por me ajudar na direção criativa.

Por fim, obrigada a Eve Babitz, Dorothy Parker e tantas outras escritoras fora dos padrões que me inspiraram. Vocês abriram o caminho para que muitas mulheres vivessem em liberdade e mostraram ao mundo que há muitas formas de viver uma vida.

Leia o QR Code e conheça outros
títulos do nosso catálogo

@editorabelasletras

www.belasletras.com.br

loja@belasletras.com.br

54 99927.0276

Este livro foi composto em Times MT Pro e impresso pela gráfica Coan em janeiro de 2026.